Alphakurs
FÜR JUGENDLICHE

Deutsch als Zweitsprache

Inge Knechtel

Cornelsen

Alphakurs FÜR JUGENDLICHE

Deutsch als Zweitsprache

Im Auftrag des Verlages erarbeitet von Inge Knechtel
sowie Kristina Kremer
unter Verwendung von Inhalten aus *Alphaplus, Basiskurs Alphabetisierung*
von Peter Hubertus und Vecih Yaşaner

In Zusammenarbeit mit der Redaktion: Kristina Kremer, Andrea Mackensen

Umschlaggestaltung: EYES-OPEN, Berlin
Layout und technische Umsetzung: Anna Bakalović, Buchgestaltung+ Berlin
Illustrationen: Matthias Pflügner

Symbole

 *Aufgaben zum Lesen*

 *Aufgaben zum Schreiben*

 *Kommunikative Aufgaben*

www.cornelsen.de

1. Auflage, 3. Druck 2022

Alle Drucke dieser Auflage sind inhaltlich unverändert und können im Unterricht nebeneinander verwendet werden.

Druck: AZ Druck und Datentechnik GmbH, Kempten

ISBN 978-3-06-520905-2 (Schülerbuch)
ISBN 978-3-06-520939-7 (E-Book)

PEFC
PEFC/04-31-2260

PEFC zertifiziert
Dieses Produkt stammt aus nachhaltig bewirtschafteten Wäldern und kontrollierten Quellen.

www.pefc.de

Vorwort

Der *Alphakurs für Jugendliche* ist ein Lehrwerk für Jugendliche in der Sekundarstufe I, die Deutsch lernen und die lateinische Schrift nicht lesen und schreiben können. Der *Alphakurs* verbindet die Alphabetisierung mit der Vermittlung grundlegender Deutschkenntnisse. Die Jugendlichen lernen altersgerecht die Laute und Buchstaben des deutschen Alphabets kennen und erwerben in klarer und kleinschrittiger Progression die schriftsprachliche Kompetenz.

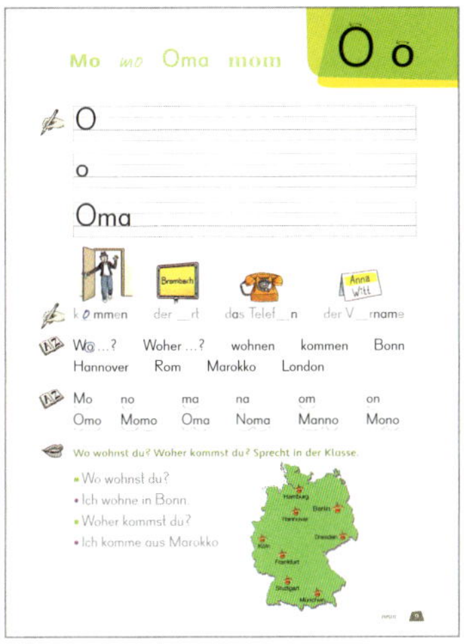

Schritt für Schritt durchs Alphabet

Auf jeder Seite wird ein Buchstabe oder eine Buchstabenverbindung mit dem dazugehörigen Laut eingeführt.
Die Schülerinnen und Schüler schreiben zunächst den Buchstaben oder die Buchstabenverbindung. Die Buchstabenbeispiele in der vorgegebenen Lineatur sowie Schreibrichtungspfeile geben Hilfestellung.
Anschließend trainieren die Schülerinnen und Schüler anhand von abwechslungsreichen Übungen das selbstständige Lesen und entwickeln ihre Schreibkompetenz. Die bereits bekannten Buchstaben werden zu Silben und Wörtern synthetisiert. Die Schülerinnen und Schüler vervollständigen im ersten Schritt illustrierte Wörter mit den fehlenden Buchstaben, schreiben schließlich ganze Wörter bis hin zu kurzen Sätzen. Das erste Lesen wird durch Silbenbögen erleichtert.
Am Ende jeder zweiten Seite werden alltagsrelevante Redemittel in kommunikativen Übungen präsentiert und automatisiert.

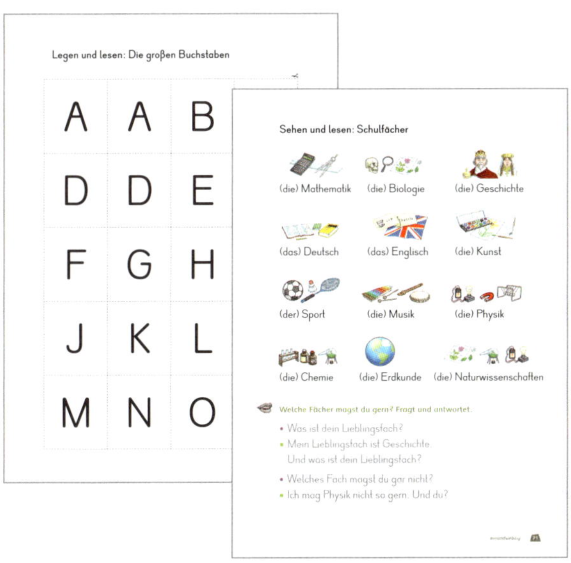

Der Anhang bietet vielfältige Möglichkeiten, das Erlernte zu vertiefen und spielerisch zu festigen. Er umfasst die Einführung von Zahlen, eine Reihe der Lernprogression angepasster Sätze zum Lesen und Schreiben nach Diktat, weitere Schreib- und Leseübungen, Bildkarten zu den wichtigsten Themen sowie Buchstaben- und Zahlenkarten zum Ausschneiden.

Wir wünschen Ihnen viel Spaß und Erfolg beim Lehren mit dem *Alphakurs für Jugendliche*.

Inhalt

M m

M m M m m M

M

m

M m

m M

der Mann

die __a__a

das __ädchen

die Fa__ilie

die O__a

der Ehe__ann

O A M l a m M o L A m O l M a L M o m L l M o l m a L M O m

am ma Ma Am

A a

A

a

am

Mama

die A_n_n_s der _pfel die B_n_ne der S_l_t

O A M l a m M o L A m O l M a L M o m L l M o m A l a O m A

m M a A M

ma Ma am Am

ma am Mam Ama

mam ama Mama Amam

Was magst du? Sprecht in der Klasse.

Ich mag Ananas, Melone, Bananen, Marmelade, Tomaten und Salami.

N n

na an Na An man

N

n

Na

man

die Nase

der Mu__d

der Fi__ger

die Ha__d

NAMknaKmMoNLAmnlBMaLNMnZmLlNPH

der Vorname der Nachname die Nummer das Land

m	N	na	man	Mama	am	Anna
a	M	ma	nam	Nana	an	Aman
n	A					

M m A __ N __ m __ a __ n __

O o

Mo *mo* Oma **mom**

O

o

Oma

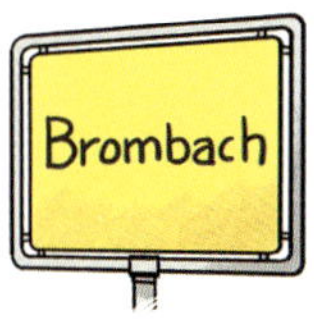

k_o_mmen   der __rt   das Telef__n   der V__rname

Wo …?   Woher …?   wohnen   kommen   Bonn

Hannover   Rom   Marokko   London

Mo   no   ma   na   om   on

Omo   Momo   Oma   Noma   Manno   Mono

Wo wohnst du? Woher kommst du? Sprecht in der Klasse.

- Wo wohnst du?
- Ich wohne in Bonn.
- Woher kommst du?
- Ich komme aus Marokko.

L l

la Lo Alm mal Lama

L

l

Lola

mal

die Gabe l der _öffe_ der Te__ __er das G_as

Alma

la	Lo	ma	no	al	Ol	an
mal	nal	Lom	nal	Lol	lal	Alm
Mama	Lama	Lola	Alan	Alma	Amal	Alon

I i

im lila mi in Nil im

I

i

lila

Japan_i_sch Span__sch Türk__sch Engl__sch

M _n_ A __ N __ O __ L __ I __

i _l_ o __ l __ a __ m __ n __

Englisch Italienisch Arabisch Spanisch Türkisch

im in Nil Mai Mona Moni Mina

Nina Ina Lina Limo Ilona minimal Manila

Welche Sprachen sprichst du? Fragt und antwortet.

☐  ☐  ☐ 

☐  ☐ 

☐ 

- Sprichst du Deutsch?
- Ja, ein bisschen.
- Sprichst du Japanisch?
- Nein.

S s

so *Sa* **also** *Solo* **Salsa**

S

s

los

 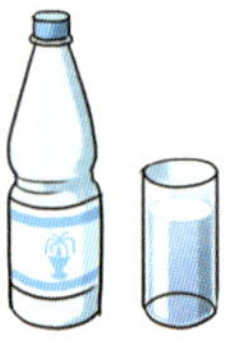  

der Mai__ da__ Wa___er da__ __alz der Rei__

so Sa si los las lis mis

solo also Anis Salsa Salami Ananas Samson

OMamalSalamiosmAAnanaslisLnNoLisaoM

Mama

S S S S S S S S S S S S S

Em me es **Esel** em

E e

E

e

essen

Sonne

d_r Morg_n d_r Ab_nd d_r St_rn

Insel essen lesen Sonne malen Nase

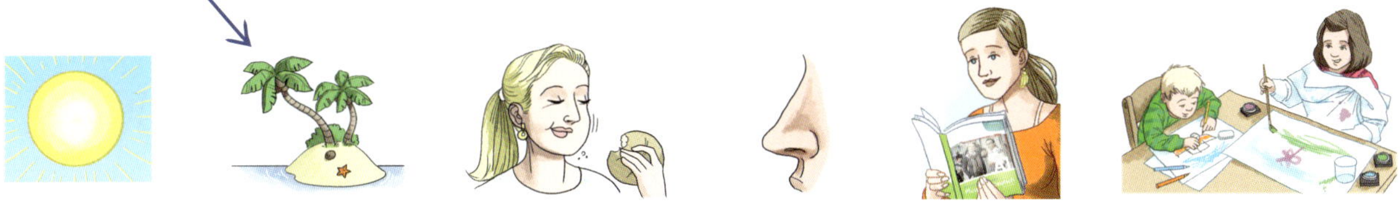

Welche Grüße kennt ihr? Sammelt in der Klasse und spielt sie nach.

Hallo!
Guten Morgen!
Guten Tag!

Tschüs!
Auf Wiedersehen!
Gute Nacht!

Ei ei

Ei **Eis** nein **mein**

Ei

ei

Eis

Nein

arb___ten der Bl___stift schr___ben ___nfach

N E i M e i l l i e a m M e i N L E i A l n l l E i e M a L l e i M a e i

Ei	es	Eis	ein	sei	eins
seins	nein	mein	meins	eine	meine
seine	einmal	Meise	Leine	leise	lesen

1

das ___ das ____ _____ _______

Ei iEs snei einss

ie

sie **lies** ie **nie** niemals

ie ie

nie nie

4	7	14	17	40
v___r	s___ben	v___rzehn	s___bzehn	v___rzig

1	2	3	4	5
eins	zwei	drei	vier	fünf
6	7	8	9	10
sechs	sieben	acht	neun	zehn
11	12	13	14	15
elf	zwölf	dreizehn	vierzehn	fünfzehn
16	17	18	19	20
sechzehn	siebzehn	achtzehn	neunzehn	zwanzig

Wie alt bist du? Fragt und antwortet.

- Wie alt bist du?
- Ich bin 16 Jahre alt. Und du?

T t

Tee *mit* Tante **Monat**

T

t

mit

das Be___ der __isch die Lei__er der __eppich

To te ta Ton mal tot mit

Tante Ente Miete Osten Moment Nation Monate

M A N l L t S E N
T I t S T N M t m T
A S E t N M e T L M E

NiieMonatmienneTasseminoTomateElneis

MoManiTelLeNieleSalatMoNamTanteelune

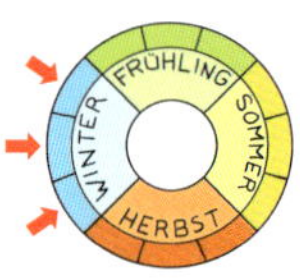

Monat

B b

Bo **bei** bis **neben**

B

b

neben

die U-__ahn der __us die Straßen__ahn die S-__ahn

der Bahnhof die Autobahn abfahren die Brücke die Bank

neben	beim	sieben	Besen	Bein
lieben	Leben	lesen	sein	Leim

Wie fährst du zur Schule? Fragt und antwortet.

- Wie fährst du zur Schule?
- Ich fahre mit dem Fahrrad. Und du?
- Ich fahre mit dem Bus.

mit dem Fahrrad

mit der Straßenbahn

mit dem Bus

Ich gehe zu Fuß.

...b

lieb ab ob Lob *leb*

ab ab

ob ob

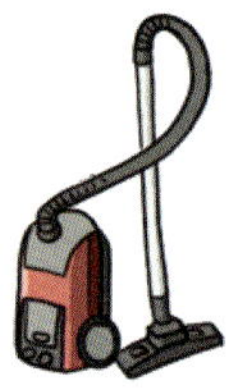

gel__ der Schrei__tisch der Stau__sauger der Urlau__

ab ob leb
Sieb lieb Leib
Lob Abseits Abteil

Lisa, sei lieb!
Ab Mai lebt Sabine in Bonn.
Melanie liebt Tomaten im Salat.

Melanie liebt Tomaten im Salat.

M

ab bu leb lieb Lob
Abteil Bus leben Liebe loben

Uli **Bus** **unten** *tun*

U u

U

u

Mut

die St__nde die Min__te die Sek__nde die __hr

- Um wie viel Uhr beginnt der Kurs?
- Der Kurs beginnt um vierzehn Uhr.

Bus	uns	Mut	tun	nun	unten
Busse	Tabu	Tube	Bulli	Museum	Minute

der ____ das ________ der ________

uBs muMseu nneTlu

Um wie viel Uhr beginnt der Deutschkurs? Sprecht in der Klasse.

- Um wie viel Uhr beginnt der Deutschkurs?
- Der Deutschkurs beginnt um neun Uhr.

Eu eu

Eu *neun* Eule **Leute**

Eu

eu

Leute

19

der ___ro t___er n___nzehn der Fr___nd

eu neu meu neun beu neue

Eule Leute Beule Beute Beutel Meute

teLeu ________ leEu ________ eutBle ________

eun ________ eune ________ etBeu ________

eunn ________ Bleeu ________ euMte ________

Neun neue Leute.

Sie ist seine neue Liebe.

Mein Beutel ist neu.

Sie ist seine neue Liebe. ☐  ☐ 

S

Au aus Baum laut

Au au

Au

au

blau

das H___s

der ___fzug

___f

l___t

das ______

tAuo

der ______

mauB

die ______

sauM

Nina ist im Auto. Im Auto ist es laut. Mona ist aus Bonn.

Mona ist aus Bonn.

M ____________________

Wie heißt das auf Deutsch? Fragt und antwortet.

- Wie heißt das auf Deutsch?
- Das ist ein Auto.

K k

Kilo *Kamm* Musik **Kuli**

K

k

Balkon

die __üche der Bal__on der __eller der Brief__asten

das ______ die ________ der ______ das ______

iKon kuMsi iulK Koli

Kilo	Kuli	Konto	Eine Tasse Kakao, bitte!
Kamel	Musik	Balkon	Kati ist im Kino.
Kakao	kosten	Kantine	Mein Kuli ist neu.

der Kamm die Kantine die Kunst die Bank das Knie

   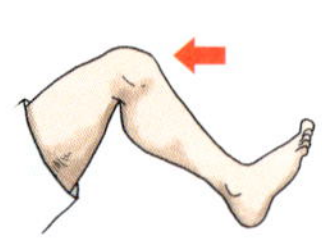 

du das da die dein

D d

D

d

Datum

__as Han__y __er __rucker __er Bil__schirm

Dose

der die das

Datum

Daumen

Laden

Dame

Kundin

Nase – Mund – Daumen – ~~Kuli~~

Kakao – Dose – Tee – Limonade

Auto – Mann – Kind – Dame

Einen Kakao, bitte. ______________________

Was möchtest du trinken? Sammelt Namen von Getränken in der Klasse und bestellt.

- Einen Kakao, bitte.

...d

und sind Mund *Sand*

und und

Kind Kind

   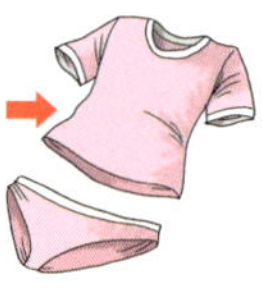

das Hem__ das Klei__ der Han__schuh das Unterhem__

und sind Bad Land Kind Mond Sand Mund Abend
du da die das dein Daumen Domino Laden

OMundsoltaunAeimoAAbendislisLnMonds
aoMSBaddeiNatumdelKindnoMalidusMaSn

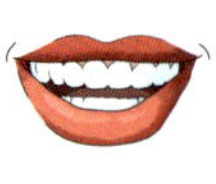    

Mund

Das Kind ist im Bad.

D

Sie sind bald da.

S

Creme Comic Cola

C c

C

c

Comic

das _afé

der _omputer

die _ola

die _reme

C N o c u L c T K C
a O D K k d k m T L
A C d O c M U c l M

Do–se Dose | Eu mo ______ | Blu se ______
ce | ro | ze

Co lla ______ | Ku li ______ | Co mik ______
la | la | mic

Was kostet das? Fragt und antwortet.

- Was kostet die Creme?
- Die Creme kostet 2 Euro und 70 Cent.

0,35 Euro

2,70 Euro

1,40 Euro

3,00 Euro

0,60 Euro

2,80 Euro

ck

ck Kick ck dick Decke

ck

dick

Ecke

der Zu___er die Pa___ung das Beste___

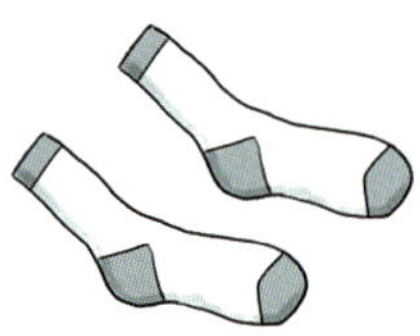  

die __________ die __________ __________

ckoSen enckLo abckne

die Ecke die Locken die Socken ticken der Dackel
dick backen nicken der Buckel die Decke kicken

Sind das deine Socken? Das sind meine Socken.
Kann sie Kekse backen? Sie kann Kekse backen.
Ist sie da? Sie kommt um die Ecke.

nk

Danke links Onkel Bank

nk

Danke!

links

der O___el der E___el die Ba___ die Ta___stelle

Bank	Danke	Enkel
Onkel	denken	dunkel
links	lenken	tanken

Danke, Onkel Leo!
Das ist mein Enkel.
Links ist die Bank.

Wer ist wer? Beschreibt das Foto.

die Mutter
der Vater
die Tochter
der Sohn
der Opa
die Oma

H h

Hallo *Haus* **heute** Hose

H

h

Hallo!

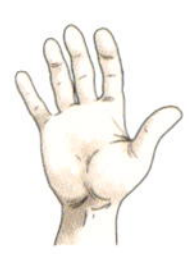   

die __and die __ose das __emd der __ut

das Hotel die Hand heute das Haus haben der Hase
der Hut der Hund Helena der Haushalt anhalten

Halt mal an! Hallo Hanna, holst du Helena heute ab?
Im Hut ist ein Hase. Hanno hat einen Hund.

ckCusoltAHemdislisLnHosesaoMHandCdei
NatckmdelHundnoMaitteunbaelidHotelnse

  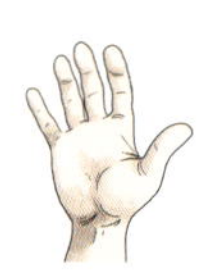  

Hemd

h

ohne **Sohn** ihn **Bahn** Hund

ihn

ohne

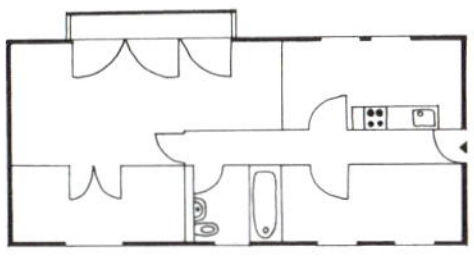  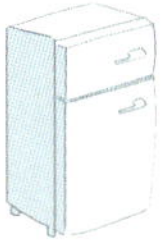 

die Wo__nung die U__r der Kü__lschrank der Stu__l

Sie nehmen die U-Bahn. ☒  ☐ 

Sie haben einen Sohn. ☐  ☐ 

Mona nimmt ein Eis ohne Sahne. ☐  ☐ 

Hanna hat einen ____________________. 

Sie leben in einem ____________________. 

Hanna nimmt heute die ____________________. 

Wie geht es dir? Fragt und antwortet.

- Wie geht es dir?
- Mir geht es gut. Und dir?

sehr gut | gut | es geht | schlecht | sehr schlecht

Ch ch

ich **dich** Buch **Chile**

Ch

ch

ich

der   das  

________	________	______	________
chKeun	nchkoe	uchB	chlane

machen Nacht mich China
kochen Sachen dich Chemie
lachen besuchen echt Chile

- Ich backe heute Kuchen. Besuchst du mich?
- Ich besuche dich um acht.

- Kochst du mit einem Kochbuch?
- Nein, ich koche ohne Kochbuch. Ich habe kein Kochbuch.

Ich besuche dich. ______________________

Ich backe Kuchen. ______________________

Schule *Tasche*

Sch sch

Sch

sch

Schule

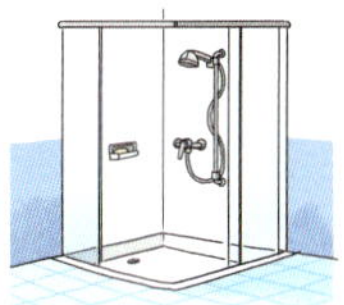  

die Du_____e das _____lafzimmer der _____lüssel

schreiben schlafen sich waschen schwimmen
schießen schenken aufschließen anschauen

duschen schneiden malen naschen schauen
ein Buch lesen Musik machen Tischtennis
ins Kino gehen Schokolade essen lesen

Was macht die Person? Beschreibe das Bild.

- Was macht das Mädchen? ▪ Das Mädchen liest.
- Was macht der Junge?

R r

rot *Rad* Reise **rosa** **Euro**

R R

r r

rechnen rechnen

das ________ der ______ die __________

iRdao orEu maKrea

rot das Rad die Reise rosa der Reis die Schere

 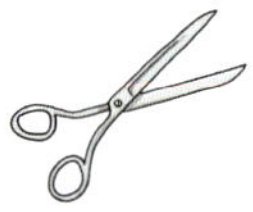   

R R R R R R R R R R R R R R

r r r r r r r r r r r r r

der dir Uhr Ohr Tor

...r

dir

Uhr

der  der  der 

rLhere okDtro eeKllnr

Ohr der die das Motor

Tor Uhr

Liter Butter Urlaub Mutter Teller

Meine Mutter arbeitet als Lehrerin.

M

Mein Onkel ist Kellner. M

Welche Berufe kennt ihr? Sammelt in der Klasse.

W w

wer **wie** was **warum**

W

w

etwas

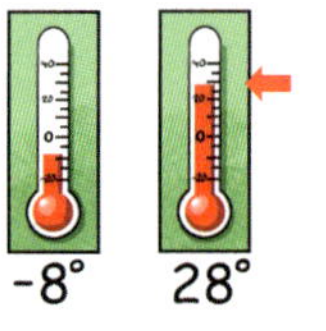

die ________ oWlek

der ________ dnWi

________ armw

Wer …? Wie …? Was …? Wieso …? Weshalb …?
Warum …? Wo …? Woher …? Wohin …? Wann …?

Wie war das Wetter in Wien?
Willi wohnt wieder in Weimar, weil es in Weimar so schön ist.
Wir warten seit Wochen.

Wie heißt du? Ich ________

Wie alt bist du? ________

Wo wohnst du? ________

Woher kommst du? ________

F f

auf **Ferien** fast Tafel

F

f

Frau

  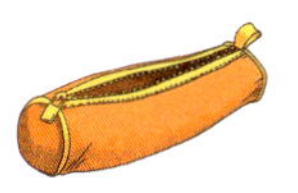

die Hausau__gabe der Bleisti__t die __edermappe

das ______ die ________ der ________

ftHe elTfa ieBfr

der Brief telefonieren die Ferien der Fernseher einkaufen

Welche Gegenstände kennt ihr?
Sammelt in der Klasse und schreibt die Wörter auf.
Die Lehrerin / Der Lehrer hilft bei unbekannten Buchstaben.

G g

Gabel **gelb** **geben**

G

g

egal

gut	das Geld	die Grundschule	die Biologie
geben	die Gabel	die Geschichte	die Geografie
gern	der Garten	die Hausaufgabe	die Frage

die Geschichte – ~~die Gabel~~ – die Biologie – die Geografie
das Heft – der Radiergummi – der Regen – der Kuli
schreiben – sagen – fragen – erklären

_ _ _ _ß   _ _ _ _ _   _ _ _ _   _ _ _ _ _

_ _ ü _   _ _ _ _ _   _ _ _ _ _ _ _ z

_ _ _ _   _ _ _ _   _ _ _ _

Tag weg sag mag

...g

Tag

weg

Guten Tag! G

Bis Montag!

der Weg der Tag mag sag der Montag genug der Katalog

Ge – Geburts – Geburtstag – der Geburtstag

Ro – Rosen – Rosenmon – der Rosenmontag

Nach – Nachmit – Nachmittags – der Nachmittagskurs

Kalender	August
15.	19.
16.	20.
17.	
	21.
18.	

Montag Sonntag
Freitag
Donnerstag
Mittwoch Samstag
Dienstag

An welchen Tagen hast du Mathe? Wann hast du Deutsch?
Sprecht in der Klasse.

- An welchen Tagen hast du Mathe?
- Ich habe montags und donnerstags Mathe.

...ig

richtig **fertig** *wenig*

fertig fertig

Honig Honig

laut

_ _ _ _ _ _

ighru

falsch

_ _ _ _ _ _ _ _ _

chigrit

viel

_ _ _ _ _ _

newig

klein

_ _ _ _ _ _ _ _

igiers

Elefanten sind riesig.
Das ist nicht so wichtig.
Bist du fertig?

tofertigiEwichtigMoruhigAuMwenigdigrichtigAntu

fertig

Ding singen Finger …ng

Ding Ding

singen singen

kurz

_ _ _ _ _

a l n g

weit

_ _ _ _

n g e

schnell

_ _ _ _ _ _ _ _ _

a m s l a n g

das Ding der Ring die Wohnung Englisch anfangen

Win – Winter – Winterklei – die Winterkleidung
Ent – Entschul – Entschuldi – die Entschuldigung
Fing – Finger – Fingerring – der Fingerring

Wie findest du die Kleidung? Fragt und antwortet.

- Gefällt dir die Hose?
- Ja, die ist super.
- Und das Kleid?
- Nein, das ist nicht schön.

P p

Opa Papa Post Pause

P

p

Papa

die ____________ die ________ die ________

aPpirak ppSue aPsta

die Post + die Karte = die Postkarte
die Post + der Bote = der Postbote
das Papier + das Schiff = das Papierschiff

Pap – Papri – Paprika – Paprikasup – Paprikasuppe
Pa – Pana – Panama – Panamaka – Panamakanal
Pa – Papier – Papierta – Papiertaschen – Papiertaschentuch

Was ist Peters Lieblingsessen? 

Peters ____________________________

Was ist dein Lieblingsessen?

Mein ____________________________

Spiel **Sport** Beispiel

Sp sp

Beispiel Beispiel

spielen spielen

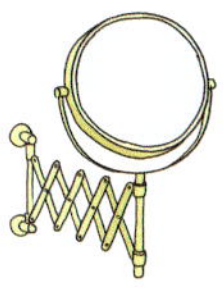  

der ____________ der ________ ____________

ieSpgle orSpt ielspen

Spanisch	machen	*Spanisch sprechen*
Ball	essen	____________
Sport	sprechen	____________
Beispiele	spielen	____________
Spaghetti	geben	____________

Was machst du gern in deiner Freizeit? Fragt und antwortet.

- Was machst du gern in deiner Freizeit?
- Ich spiele gern Fußball. Und du?

St st

stehen *Stunde* Stadion

Stuhl Stuhl

Stunde Stunde

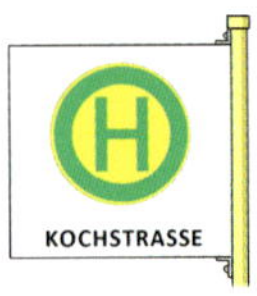

die ____________________ der ____________________

stHaellelte dtanplSta

der Stuhl die Stunde das Stadion das Besteck die Stufe
stehen die Stadt der Stern Stopp! stark bestellen sterben

Le – Leder – Lederstie – Lederstiefel – der Lederstiefel
U – U-Bahn – U-Bahn-Hal – U-Bahn-Halte –
U-Bahn-Haltestel – die U-Bahn-Haltestelle
Un – Unter – Unterrichts – Unterrichtsstun –
Unterrichtsstunde – die Unterrichtsstunde

In einer Stunde bin ich im Stadion.

____

____

Pf pf

Kopf *Apfel* **pfeifen**

Pfand

Kopf

der  die  der 

___________ ___________ ________

rPfiichs lauPfme lfApe

das Pfund das Pfand der Topf pfeifen impfen der Kopf
die Pfanne das Pferd der Pfirsich die Pflaume der Apfel

der Kopf + der Salat = der Kopfsalat
der Pfirsich + die Marmelade = die Pfirsichmarmelade
der Apfel + der Saft = der Apfelsaft

Was isst du gern? Was trinkst du gern? Sammelt Lebensmittel an der Tafel und fragt euch gegenseitig.

- Was isst du gern?
- Ich esse gern Apfelkuchen.
- Was trinkst du gern?
- Ich trinke gern Pfirsichtee.

Ph ph

Sophie Philosoph

Sophie Sophie

Alphabet Alphabet

der Philosoph die Phase die Phonetik der Pharao Sophie

Phi – Philo – Philoso – Philosophie – Philosophieklau –
Philosophieklausur – die Philosophieklausur
Na – Natur – Naturka – Naturkata – Naturkatastro –
Naturkatastrophe – die Naturkatastrophe
Spin – Spinnen – Spinnenpho – die Spinnenphobie

Philipp studiert Philosophie.

P

Sophie lernt das Alphabet.

S

Ralph ist am Telefon.

R

Zahl *siebzig* zehn **Polizei**

Z z

Z

z

Zahl

70 ____________ 2 _______ 10 _______

20 ____________ 13 ______________

die Zahl – zehn – zwanzig – ~~der Zahn~~
die Medizin – der Arzt – der Zug – das Rezept
die Zeitung – die Polizei – die Zeitschrift – das Buch
der Zoo – die Zitrone – die Zucchini – der Zucker

Wie viel sind sechs plus fünf? Rechnet gemeinsam.

6 + 5 = 11

8 + 7 = ___

9 + 6 = ___

7 + 5 = ___

4 – 3 = ___

7 + 6 = ___

4 + 5 = ___

8 – 2 = ___

tz

Satz Netz *putzen* **Katze**

Satz

sitzen

sitzen – Witz – Katze – Putz – schmutzig – nutzen

Sitz – Tatze – putzig – schwitzen – Schmutz – putzen

Meine Katze sitzt gern am Fenster.

M

Setz dich doch!

S

Lutz lacht über einen Witz.

L

Trotz der Hitze muss Lisa ihren Eltern helfen.
Sie putzt das Badezimmer und geht einkaufen.
Danach setzt sie sich zu ihrer Oma in den Garten.

J j

ja *Juli* **Jacke** **jung**

J

j

Jahr

__________ anJaru	Februar	März	__________ plrAi
______ aMi	________ inJu	________ liuJ	August
September	__________ kreOtob	November	__________ emberDze

Jan hat im Januar Geburtstag.
Julia feiert ihren Geburtstag am ersten Juli.
Frohes neues Jahr!

Wann hast du Geburtstag? Fragt euch gegenseitig und tragt eure Namen in einen Kalender ein.

- Wann hast du Geburtstag?
- Am siebzehnten Juni. Und du?

V v

vor Vater *Vogel* Vorwahl

V

v

viele

- Wie ist dein Vorname?
- Mein Vorname ist Eva.
- Wie ist die Vorwahl von Berlin?
- Die Vorwahl von Berlin ist 030.

verlieben
verstehen verkaufen
verbieten verlieren
vergessen

vorstellen
vormachen vortragen
vorgehen vorlesen
vorbereiten

Wie viel Uhr ist es? 

Wie viel kostet das? 

Wie ist dein Vorname?

Video Vase Vulkan

V v

Vase

Vulkan

Verena Viktor Veronika Vera Viola das Video
die Vase die Villa der November violett der Virus
der Vulkan das Klavier die Violine der Vampir

Blu – Blumen – Blumenva – Blumenvase – die Blumenvase
Vul – Vulkan – Vulkanaus – der Vulkanausbruch
Vi – Vide – Video – Videospiel – das Videospiel

Welches Instrument spielt Viktor?

____

Welches Instrument spielt Vera?

____

Frage deine Partnerin/deinen Partner und ergänze.

Name: ______________ Vorname: ______________

Telefonnummer: ______________ Vorwahl: ________

Adresse: ______________________________

ß

weiß heiß Straße Fuß

ß ß

weiß weiß

Straße Straße

der Fuß – die Hand – der Kopf – die ~~Straße~~
der Fußball – der Spaß – das Tennis – das Schwimmen
weiß – rot – gelb – bunt
gut – heiß – kalt – warm

die Straße der Gruß
der Fußball weiß
heiß draußen

der Sessel die Adresse
der Fluss das Messer
essen das Wasser

Lieber Sascha,
mu ss t du heute zum Fu___balltraining? Ich sitze in meinem Se___el und trinke Wa___er. Drau___en ist es hei___. Kommst du mich besuchen? Meine Adre___e ist:
Wei___wa___erstra___e 2.
Viele Grü___e
Sanna

bequem *Quadrat*

Qu qu

Qu

qu

bequem quadratisch der Qualm das Quadrat
die Quelle die Qualle das Quartett der Quark

Quad – Quadrat – Quadratme – der Quadratmeter
A – Aqua – Aquari – Aquarium – das Aquarium
Was – Wasser – Wasserquel – die Wasserquelle

Das Sofa ist superbequem!

D ______________________________

Am Strand sind viele Quallen.

A ______________________________

Wie heißt das auf Deutsch? Fragt und antwortet.

- Wie heißt das Tier auf Deutsch?
- Dieses Tier heißt „Qualle“, die Qualle.

die
eine **Qualle**

X x

Taxi Max *Mexiko* mixen

X

x

Taxi

der Text das Taxi der Mixer das Lexikon boxen die Hexe der Luxus mixen fix Mexiko hexen der Boxer Max

Max schreibt einen Text für die Schule.
Sein Thema ist „Mexiko".
Danach ist er fix und fertig.

Alexander, nimm doch ein Taxi!

A

Ich heiße Madox und komme aus Mexiko.

I

Mein Lieblingssport ist Boxen.

M

sechs Fuchs *wachsen*

chs

chs

sechs

sechs der Fuchs der Lachs die Achse wachsen
wechseln Sachsen erwachsen das Wachs

Max ist 18: Er ist jetzt erwachsen.
Kerzen sind aus Wachs.
Meine Tante lebt in Sachsen.

drei • vier • fünf • ________

zwei • _______ • sechs • acht

_______ mal sechs ist achtzehn.

Sieben minus sechs ist _______.

Welche Zahlen siehst du? Lies und schreib sie.

____

____

____

Y y

Physik *Handy* **Pyramide**

Y

y

Handy

Phy – Physik – Physikun – Physikunter – der Physikunterricht
Gym – Gymna – Gymnasi – Gymnasium – das Gymnasium
Sil – Silves – Silvester – Silvesterpar – die Silvesterparty

Cool! Montags habe ich nur Physik und Englisch!

C

Yvonne geht aufs Gymnasium.

Y

eine Party	lernen	eine Party
Physik	gehen	
eine Pyramide	machen	
aufs Gymnasium	zeichnen	

Bär Bäcker Äpfel spät

Ä ä

Ä

ä

Bäckerei

Pi – Pizza – Pizzabä – Pizzabäcker – der Pizzabäcker
Brief – Briefträ – Briefträger – die Briefträgerin
Se – Sekre – Sekretär – Sekretärin – die Sekretärin

die ____________________ der ____________

die __________________________

Was kann man hier kaufen? Sammelt in der Klasse und schreibt an die Tafel.

die Bäckerei

der Supermarkt

der Markt

Äu äu

Bäume *Mäuse* häufig

Äu Äu

äu äu

aufräumen aufräumen

Ver – Verkäu – Verkäufer – Verkäuferin – die Verkäuferin
Ma – Mara – Marathon – Marathonläu – der Marathonläufer
Klas – Klassen – Klassenräu – die Klassenräume

der Schuh + die Verkäuferin = die Schuhverkäuferin
der Apfel + die Bäume = die Apfelbäume
die Klasse + die Räume = die Klassenräume
der Traum + die Häuser = die Traumhäuser

ein Baum viele Bäume

eine Maus viele ____________

ein Haus viele ____________

ein Traum viele ____________

ein Raum viele ____________

Ö ö

Öl Löwe schön *hören*

Ö

ö

schön

mögen können hören aufhören stören der Löwe
schön böse die Söhne der König die Möhre das Öl

die Olive + das Öl = das Olivenöl
der König + der Sohn = der Königssohn
der Löwe + der Zahn = der Löwenzahn

Was möchtest du heute machen?

Ich ___

Welche Musik hörst du gern?

Ich ___

Was möchtest du am Wochenende machen? Fragt und antwortet.

- Was möchtest du am Samstag machen?
- Ich möchte wandern gehen. Und du?

Ü ü

Tür Küche *müde* **üben**

Ü

ü

Tür

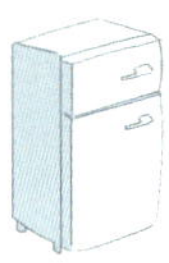

der ____________________ die _________

üKlrhschkan cheKü

eine Großmutter	zwei Großmütter
ein Bruder	zwei Brüder
eine Tochter	zwei Töchter
ein Großvater	zwei Großväter
ein Sohn	zwei Söhne
ein Mann	zwei Männer

der Balkon + die Tür = die Balkontür
das Gemüse + die Suppe = die Gemüsesuppe
die Bücher + das Regal = das Bücherregal

Welche Möbel gibt es in der Küche?

____

0

null 

 0

1

eins 

1

2

zwei 

2

3

drei 

3

4

vier 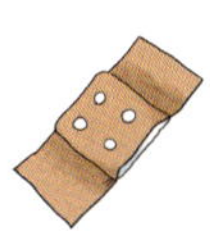

4

5

fünf 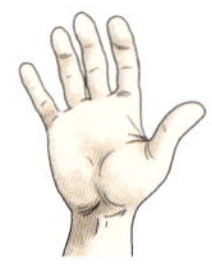

5

6

sechs 

6

7

sieben 

7

8

acht 

8

9

neun 

9

Lesen und/oder nach Diktat schreiben

01. Oma, lies mal! ► ab S. 21
02. Moment mal, Melanie!
03. Sabine ist im Museum.
04. Uli ist im Bus.
05. Bis um sieben bei Mina!
06. Lisa ist seine neue Liebe.
07. Mona ist aus Bali.
08. Tante Lena isst mein Eis.
09. Sie isst eine Banane.
10. Nina liebt Tomaten.
11. Kai ist im Kino. ► ab S. 31
12. Endlich ist die Sonne da!
13. Das Kind ist im Bad.
14. Claudia liest Comics.
15. Lena backt einen Kuchen.
16. Onkel Leo hat einen Sohn.
17. Da links ist die Bank.
18. Mama sucht das Kochbuch.
19. Monika liebt Schokolade.
20. Ist Oma schon da?
21. Maria ist im Internet. ► ab S. 41
22. Wo wohnst du denn?
23. Das Rad ist aber teuer!
24. Er spielt gern am Computer.

25. Das ist mir egal.
26. Tom macht Hausaufgaben.
27. Wir machen gern Sport.
28. Paul, mach doch mal Pause!
29. Entschuldigung, bin ich hier richtig?
30. Magst du Spinat?
31. Gehen wir morgen ins Stadion? ▸ ab S. 51
32. Mein Kopf tut so weh!
33. Das ist eine Katastrophe!
34. Ralph ist am Telefon.
35. Gehen wir spazieren?
36. Meine Mutter putzt die Fenster.
37. Wie viel Uhr ist es?
38. Verena spielt Fußball im Verein.
39. Wie ist dein Vorname?
40. Wie heißt diese Straße?
41. Der Sessel ist so bequem! ▸ ab S. 58
42. Max ist fix und fertig.
43. Mein Bruder ist sechs Jahre alt.
44. Juliane geht aufs Gymnasium.
45. Die Mädchen kamen zu spät zum Bus.
46. Die Verkäuferin räumt das Geschäft auf.
47. Ich möchte bitte ein Stück Käsekuchen.
48. Luca hört am liebsten Popmusik.
49. Liest du gern Bücher?

Sehen und schreiben: Familie

der

die

der

die

der

die

der

die

Sehen und schreiben: Tiere

der ____________________

der ____________________

die ____________________

die ____________________

das ____________________

das ____________________

das ____________________

der ____________________

Sehen und schreiben: Obst

die ____________________

der ____________________

die ____________________

die ____________________

die ____________________

die ____________________

die ____________________

der ____________________

Sehen und schreiben: Berufe

der ______________________

der ______________________

die ______________________

der ______________________

der ______________________

die ______________________

der ______________________

die ______________________

Sehen und schreiben: Kleidung

die ____________________

das ____________________

der ____________________

der ____________________

das ____________________

die ____________________

die ____________________

der ____________________

Sehen und schreiben: Körperteile

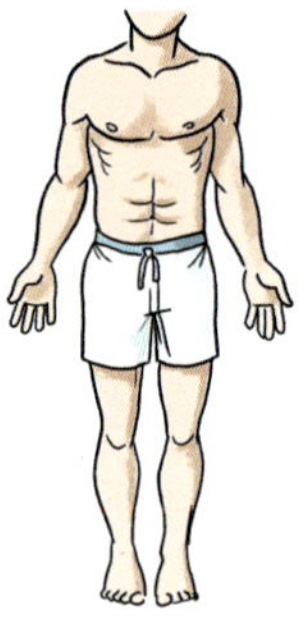

der ____________________

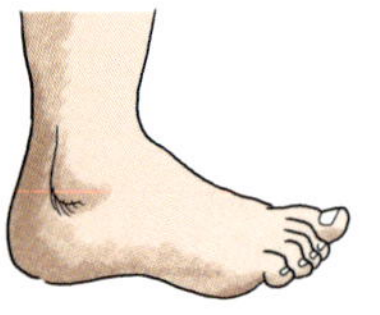

der ____________________

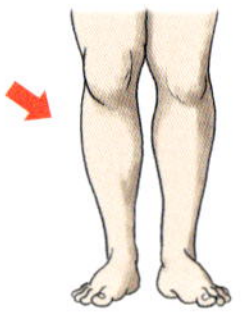

das ____________________

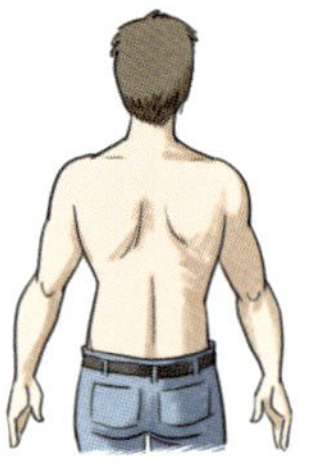

der ____________________

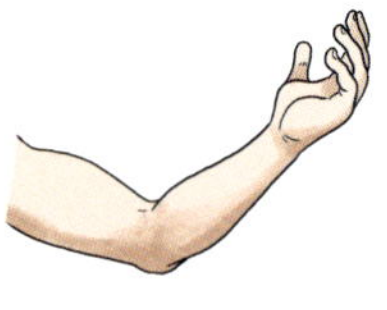

der ____________________

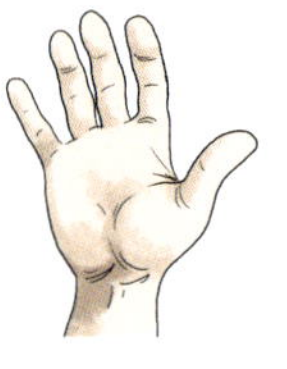

die ____________________

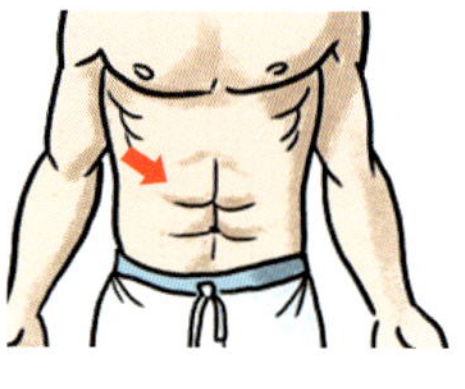

der ____________________

der ____________________

Sehen und lesen: Im Klassenraum

das Buch

das Heft

der Bleistift

der Kuli

der Radiergummi

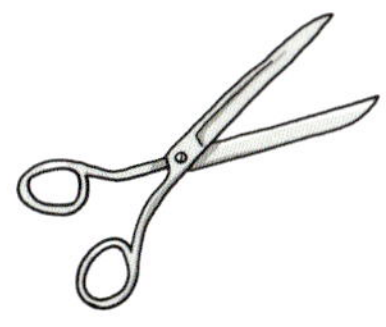

die Schere

das Lineal

das Wörterbuch

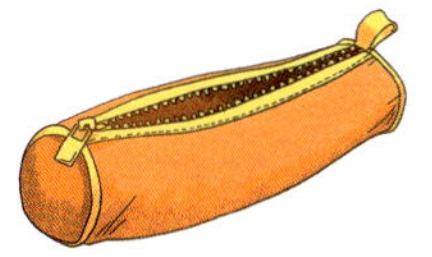

die Federmappe

Was siehst du? Beschreibe das Bild.

- Auf dem Tisch liegen ein Lineal, ein Kuli, ...

Sehen und lesen: Verkehrsmittel

das Auto

der Bus

das Motorrad

die S-Bahn

die U-Bahn

der Zug

das Fahrrad

das Flugzeug

die Straßenbahn

das Taxi

das Schiff

der LKW

Wie fährst du zur Schule? Fragt und antwortet.

- Wie fährst du zur Schule?
- Ich fahre mit dem Bus oder mit der U-Bahn. Und du?

- Wie fährst du nach Berlin/nach England …?

Sehen und lesen: Schulfächer

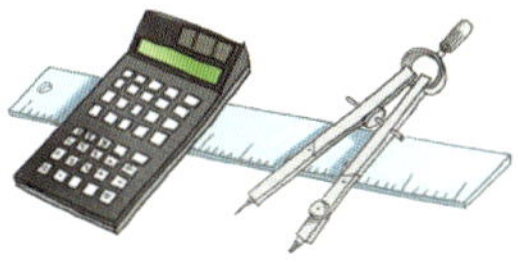

(die) Mathematik

(die) Biologie

(die) Geschichte

(das) Deutsch

(das) Englisch

(die) Kunst

(der) Sport

(die) Musik

(die) Physik

(die) Chemie

(die) Erdkunde

(die) Naturwissenschaften

Welche Fächer magst du gern? Fragt und antwortet.

- Was ist dein Lieblingsfach?
- Mein Lieblingsfach ist Geschichte.
  Und was ist dein Lieblingsfach?

- Welches Fach magst du gar nicht?
- Ich mag Physik nicht so gern. Und du?

Sehen und lesen: Möbel

das Bett

der Schrank

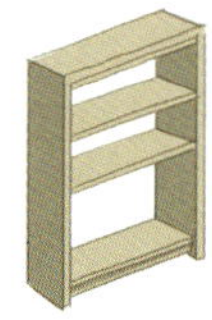
das Regal

der Tisch

das Sofa

der Stuhl

der Sessel

der Schreibtisch

der Teppich

Was siehst du? Beschreibe das Bild.

- In dem Zimmer ist ein Sofa, …

Sehen und lesen: Gerichte und Lebensmittel

das Brot

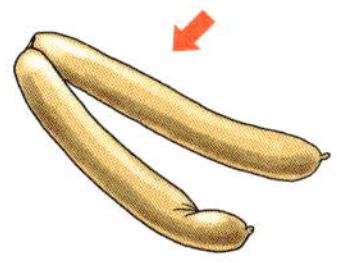
das Würstchen

das Hähnchen

die Pommes frites

die Pizza

die Suppe

der Kuchen

das Eis

die Schokolade

der Fisch

der Käse

das Ei

Was isst du gern? Fragt und antwortet.

- Isst du lieber Pasta oder Pizza?
- Ich esse lieber Pizza. Und du?

- Was isst du am liebsten?
- Am liebsten esse ich Schokolade.

- Was magst du gar nicht?
- Ich mag keine Suppe.

Sehen und lesen: Wetter

Die Sonne scheint.

Es regnet.

Es schneit.

Es gewittert.

Es ist windig.

Es ist kalt.

Es ist warm.

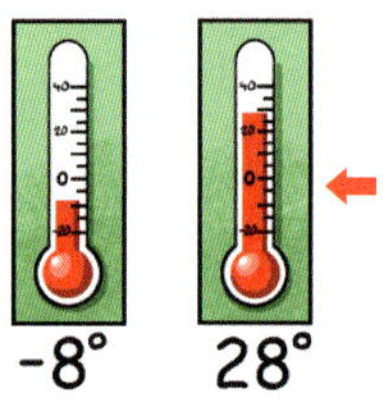

Es sind 28 Grad.

Es ist bewölkt.

Wie ist das Wetter heute?
Fragt und antwortet.

- Wie ist das Wetter in Hamburg?
- In Hamburg scheint die Sonne und es sind 26 Grad.

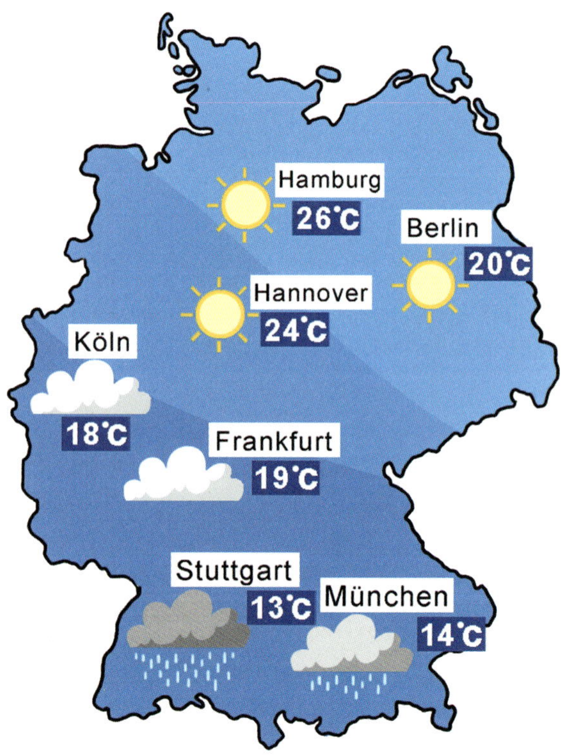

Sprechen

A a

Was magst du? Sprecht in der Klasse.

Ich mag Ananas, Melone, Bananen, Marmelade, Tomaten und Salami.

O o

Wo wohnst du? Woher kommst du? Sprecht in der Klasse.

- Wo wohnst du?
- Ich wohne in Bonn.
- Woher kommst du?
- Ich komme aus Marokko.

I i

Welche Sprachen sprichst du? Fragt und antwortet.

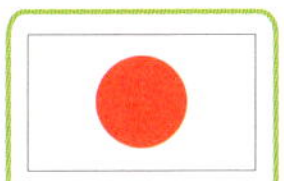

ش خ ص

- Sprichst du Deutsch?
- Ja, ein bisschen.
- Sprichst du Japanisch?
- Nein.

Sprechen

E e

Welche Grüße kennt ihr? Sammelt in der Klasse und spielt sie nach.

Hallo!
Guten Morgen!
Guten Tag!

Tschüs!
Auf Wiedersehen!
Gute Nacht!

ie

Wie alt bist du? Fragt und antwortet.

- Wie alt bist du?
- Ich bin 16 Jahre alt. Und du?

B b

Wie fährst du zur Schule? Fragt und antwortet.

- Wie fährst du zur Schule?
- Ich fahre mit dem Fahrrad. Und du?
- Ich fahre mit dem Bus.

mit dem Fahrrad

mit der Straßenbahn

mit dem Bus

Ich gehe zu Fuß.

Sprechen

C c

Was kostet das? Fragt und antwortet.

- Was kostet die Creme?
- Die Creme kostet 2 Euro und 70 Cent.

0,35 Euro

2,70 Euro

1,40 Euro

3,00 Euro

0,60 Euro

2,80 Euro

h

Wie geht es dir? Fragt und antwortet.

- Wie geht es dir?
- Mir geht es gut. Und dir?

sehr gut

gut

es geht

schlecht

sehr schlecht

Sch sch

Was macht die Person? Beschreibe das Bild.

- Was macht das Mädchen?
- Das Mädchen liest.
- Was macht der Junge?

Sprechen

… r

Welche Berufe kennt ihr? Sammelt in der Klasse.

F f

Welche Gegenstände kennt ihr?
Sammelt in der Klasse und schreibt die Wörter auf.
Die Lehrerin / Der Lehrer hilft bei unbekannten Buchstaben.

… ng

Wie findest du die Kleidung? Fragt und antwortet.

- Gefällt dir die Hose?
- Ja, die ist super.
- Und das Kleid?
- Nein, das ist nicht schön.

Sp sp

Was machst du gern in deiner Freizeit? Fragt und antwortet.

- Was machst du gern in deiner Freizeit?
- Ich spiele gern Fußball. Und du?

Sprechen

Pf pf

Was isst du gern? Was trinkst du gern? Sammelt Lebensmittel an der Tafel und fragt euch gegenseitig.

- Was isst du gern?
- Ich esse gern Apfelkuchen.
- Was trinkst du gern?
- Ich trinke gern Pfirsichtee.

J j

Wann hast du Geburtstag? Fragt euch gegenseitig und tragt eure Namen in einen Kalender ein.

- Wann hast du Geburtstag?
- Am siebzehnten Juni. Und du?

Ä ä

Was kann man hier kaufen? Sammelt in der Klasse und schreibt an die Tafel.

die Bäckerei

der Supermarkt

der Markt

Ö ö

Was möchtest du am Wochenende machen? Fragt und antwortet.

- Was möchtest du am Samstag machen?
- Ich möchte wandern gehen. Und du?

Buchstabieren: Die Namen der Buchstaben

A – a	Aa	P – p	Pee
B – b	Bee	Q – q	Kuu
C – c	Tsee	R – r	Err
D – d	Dee	S – s	Ess
E – e	Ee	T – t	Tee
F – f	Eff	U – u	Uu
G – g	Gee	V – v	Fau
H – h	Haa	W – w	Wee
I – i	Ii	X – x	Iks
J – j	Jott	Y – y	Üpsilon
K – k	Kaa	Z – z	Zett
L – l	Ell	Ä – ä	A-Umlaut
M – m	Emm	Ö – ö	O-Umlaut
N – n	Enn	Ü – ü	U-Umlaut
O – o	Oo	ß	Eszett

Legen und lesen: Die großen Buchstaben

A	A	B	C
D	D	E	E
F	G	H	I
J	K	L	M
M	N	O	P

Legen und lesen: Die großen Buchstaben

Q	R	R	S
S	T	T	U
V	W	X	Y
Z	Ä	Ö	Ü
Ei	Au	Eu	Äu

Legen und lesen: Die kleinen Buchstaben

a	a	a	a
b	b	b	c
c	d	d	d
e	e	e	e
f	f	f	g

Legen und lesen: Die kleinen Buchstaben

g	g	h	h
h	i	i	i
j	j	k	k
k	l	l	l
m	m	m	n

Legen und lesen: Die kleinen Buchstaben

n	n	o	o
o	p	p	q
r	r	r	r
s	s	s	s
t	t	t	t

Legen und lesen: Die kleinen Buchstaben

u	u	u	v
v	w	w	x
y	z	z	ä
ö	ü	ß	ei
ie	au	eu	äu

Zahlen

1	2	3	4
5	6	7	8
9	10	11	12
13	14	15	16
17	18	19	20

Zahlen

vier	drei	zwei	eins
acht	sieben	sechs	fünf
zwölf	elf	zehn	neun
sechzehn	fünfzehn	vierzehn	dreizehn
zwanzig	neunzehn	achtzehn	siebzehn